চলার পথে

কলমে – স্বরূপ কয়াল

সম্পাদনা – শান্তনু দাস

প্রথম প্রকাশ :- মার্চ মাস ২০২৩ সাল

বইয়ের নাম :- চলার পথে

শ্রেণী ও বিষয় :- কাব্যগ্রন্থ

লেখক :- স্বরূপ কয়াল

সম্পাদনা :- শান্তনু দাস

প্রকাশনায় :- টিউলিপ প্রকাশনী

ইমেইল :- santanu.presi@gmail.com

ঠিকানা :- ওয়ার্ড - ২, সিউড়ি সমন্বয় পল্লী, বীরভূম, ৭৩১১০১

মুদ্রণ :- Notionpress

ঠিকানা :- No. 50, Chettiyar Agaram Main Road, Vanagaram, Chennai, Tamilnadu, 600095

প্রচ্ছদ শিল্পী :- শান্তনু দাস

গ্রন্থ স্বত্ব :- স্বরূপ কয়াল

***** উৎসর্গ *****

আমার লেখা " চলার পথে " কাব্যগ্রন্থটি
আমি সমস্ত পাঠকগনের উদ্দেশ্যে উৎসর্গ করলাম।

*** গ্রন্থ পরিচয় ***

আমার মনের ভাব,আবেগ ও ভাষাকে ছন্দদানের দ্বারা সৃষ্ট কিছু
কবিতা সমষ্টি নিয়ে প্রকাশিত "চলার পথে" নামক কাব্যগ্রন্থটি
আমার দুটি নাতিদীর্ঘ কলেবরযুক্ত কাব্যগ্রন্থের সমন্বয়
"পাঁচু বালা" এবং "মায়া দেবী"।

*** কবি পরিচিতি ***

নাম - স্বরূপ কয়াল,

পিতা - স্বর্গীয় গৌতম কয়াল,

মাতা - তন্দ্রা কয়াল,

স্ত্রী - সুপর্ণা কয়াল,

কন্যা - প্রিয়া কয়াল,

গ্রাম ও পোস্ট - আমিড়া,

থানা - ডায়মন্ড হারবার,

ব্লক - ডায়মন্ড হারবার - II,

জেলা - দক্ষিন 24 পরগনা ,

পিন - 743368 (পশ্চিমবঙ্গ),

জন্ম - 29/07/1987 (ইং),

শিক্ষা - ইংরাজীতে স্নাতকোত্তর,

জীবিকা - রাজ্য সরকারী কর্মচারী,

শখ - লেখালেখি,

ই - মেল - swarupkayal46@gmail.com

ফোন নং - 7029691262 .

*** সূচিপত্র ***

= সময় কম =

মন তুই চাস ,
সৃষ্টি করিতে উপন্যাস।
কিন্তু সময়ের অভাবে ,
পরিবর্তন আনতে হয়েছে স্বভাবে।
যে চরিত্র সৃষ্টি হয় তিলে-তিলে ,
ঘটনা বিন্যাস মিল খায় , অনেক সময় দিলে।
সেই তুলনায় চিন্তায় কিছু ছন্দ দিলে ,
কবিতা রচা যায়।
তাই কাজের ফাঁকে, আপন করেছি কবিতাকে।
উপন্যাস , গল্প ওরাও আমায় ডাকে।
কিন্তু সাড়া নাহি দিতে পারি।
আছে আবেগ সারি সারি ,
দেয় না সময় অনুমতি।
ব্যস্ত জীবন ইচ্ছা দিয়াছি আহুতি।

খাবার জামাইষষ্ঠীতে

বছরেতে আসে এই একবার।

হরেক রকম ভালো-মন্দ পাতে খাবার জোগাড়।

ফলাহারে আম-কাঁঠাল।

সঙ্গে বুড়ো তাল।

আরো আছে অনেক কিছু।

বাদ পড়ে গেল তো লিচু।

শুরুতে হল মিষ্টি লুচি তরকারি।

আদিখ্যেতা রং বড্ড বাড়াবাড়ি।

দুপুরে খাসির মাংস , ইলিশ মাছ।

চোখের সামনে দেখছি আমি গলদা চিংড়ির নাচ।

আরও আছে ভাজাভুজি পাঁচ রকম।

এসব কিছু পড়লে কম ,

আছেই তো চাটনি-পাপড়-মিষ্টি-দই।

পেটে বলো আর জায়গা কই !

বিকালের খবর! তা তো ইতিহাস।

পেট ফেঁপে হাঁসফাঁস।

অ্যান্টাসিড বারবার।

এত কিছু আবার !

রেহাই দাও এবার।

= পরিষেব্য =

কেমনে দেবে পরিষেবা !
বলতে পারে কেবা !
টিকিট মাত্র পাঁচটি টাকা ।
তাহার বেলা পকেট ফাঁকা ।
বলতে পারো টিকিট কাটে ক'জন ?
এখন যদি হয় রেল বেসরকারীকরন ,
রব উঠবে রে-রে ।
ধরলে কিছু বললে পরে ,
তাতে আবার ঝগড়া করেন তর্জনীটা নেড়ে ।
কী লাভ তোমার বুঝিনা বাপু পারের কড়ি মেরে !
একটি টাকা বাড়লে ভাড়া ,
গনমাধ্যম , মাথায় করে পাড়া ।
লস করে আর চলে কী দেশ !
সে কথা তোমরাও জনো বেশ ।
তবু মুখে কুলুপ আঁটা ।
দেখি কেমন বাপের বেটা ,
নাও এবার দায়িত্ব ।
তুমি-আমি দোষী সবাই ,
চলার পথে নিত্য ।
তাই বলতে আমার লজ্জা নাই ,
মোরা সবাই দোষের ভাগী ।
কোন কিছু না দিয়ে মোরা ,
অনেক কিছুই মাগি ।।

= পাব দরোশন =

ঝিরিঝিরি আজ হচ্ছে কেন এমন বরিষণ ?

আর বোধহয় একটু পরেই পাবো তোমার দরোশন ।

ময়ূর দেখো বাহিরে ওই মেলেছে কেমন পেখম ।

পায়রা গুলি খোঁয়াড়ে বসে ঐ করছে বকম-বকম ।

দেখিয়া প্রকৃতির এই রূপ রকম-সকম ,

মনে হচ্ছে আজ তুমি আসবেই আসবে সমস্ত বাঁধন ছিঁড়ে ।

পাখিগুলোও আছি অপেক্ষায় পথ পানে চেয়ে নিড়ে ।

আবহাওয়া আজ খুবই অনুকূল ।

যদি না হয় কিছু ভুল ,

অবশ্যম্ভাবী তোমার আগমন ।

বাতাস ঐ দিয়ে গেল তাহারই সমন ।

জানি একদিন ভাঙারই ছিল এই প্রতিকূলতা ।

জানি আজ তুমি রাখবেই রাখবে অতীতে দেওয়া কথা ।

তাই আশা মোর হচ্ছে প্রস্ফুটিত ।

আজ বোধহয় হবে নতুন সূর্য উদিত ।।

= যদি হঠাৎ আসতে ! =

বাস্তব নয় তবু স্বপ্ন মনে কত !
নিত্য দেখি রাশি রাশি শত শত।
ঘুমিয়ে নয় দিবালোকে।
অনেক কিছুই তার বলা হয়নি তোকে।
কোনদিন হয়তো জানতে পারবি না তুই।
আশাগুলি জমে জমে আকাশ ছুঁই ছুঁই।
তবু আছে গোপনে জানতেও পারবি না তুই।
যেদিন তোর আসাটা হবে অপ্রত্যাশিত।
সেদিন আমার স্বপন গুলিকে করিব অনাবৃত।
সময় থাকবে তো ?
স্বপ্ন গুলো যাচ্ছে ছুটে সীমানা ছাড়িয়ে।
সংযমী মন বলে না কিছুই তবু আগ বাড়িয়ে।
জানিনা কি বা তার কারণ।
কেহ তো করে নাই বারণ।
তবু আরষ্ঠ কণ্ঠ করিতে মনের কথা উচ্চারণ।।

কে বলে ভালবাসায় চলে না কোন শর্ত !
কে বলে ভালবাসা দেখে না জাত-পাত -অর্থ !
ভালবাসতে গেলে গাড়ী চাই মূল্যবান।
ফকির হলে মিলবে প্রত্যাখান।
হইলে অর্থবান ,
দূরে থাক কাজী ,
মেয়ের বাবাও রাজী।
বিশ্বাস হচ্ছে না ! তাহলে ধরো বাজী।
থৈর কাছে জব্দ সব মামু।
অক্ষয় হয়ে যায় পাড়ার গেঁয়ো রামু।
চাইলে দেখাতে পারি শত উদাহরন।
ভালবেসে দীন কত বরন করেছে মরন ,
ইয়ত্তা নেই তার।
যৌবনে এই ভুলটা হয় না বলো কার ?

= অন্তরে-বাহিরে =

আবেগপ্রবন মন স্থির থাকতে পারি না।
কী ভীষন ঝড় চলছে বুকে ,
সম্মুখে তবু বলি তোমার ধার ধারি না।
তোমা ছাড়া আছি বেশ সুখে।
বুক ফাটে তবু মুখ ফোটে না।
কপালে তাই সুখ জোটে না।
মুখে তবু মিথ্যা হাসি।
আমি দুঃখী মোটে না।
অন্তরে কান্না-হাসি পাশাপাশি ,
কান্না যেন না পায় প্রকাশ।
অনিচ্ছা সত্ত্বেও ছিঁড়ে যায় রাশ।
মিটেও তবু মিটিলো না আশ।
না, আর সহ্য হচ্ছে না এই মানষিক দন্দ্ব।
শীঘ্রই মেটাতে হবে অন্তর-বাহির এর ধন্দ ॥

= ও অসহায় =

ও অসহায় ।
কি লাভ দিয়ে ,
ও যা চায় ।
তাই খড়্গো হাতে নিয়ে ,
ওর উপর অত্যাচার চালানো যায় ।
তাও আবার নির্দ্বিধায় ।
কারণ ও অসহায় ।
আমিও যে বীর তা কিন্তু নয় ।
আমার দুর্বলতা ঢাকিতে বোধহয় ,
এই বাহুবলির অভিনয় ।
সত্যিকারের সাহসী বীর বলতে যা বোঝায় ,
আমি কিন্তু তা নয় ।
সবাই আমরা শক্তের ভক্ত ।
দুর্বলও যেদিন ঝরাবে রক্ত ,
সেদিন বোঝা যাবে অসহায় মোরা যে সবাই ।
অন্তিমে সব শক্তিই পুড়ে হবে ছাই ।

= লজ্জা লাগে না =

আমি গ্রামে থাকি।
তাই ব্যঙ্গ করে তোমরা বলো ,
গেঁও ভূত আমি নাকি।
তা তোমরা যতই বলো।
আমার কিন্তু এতোটুকু লজ্জা লাগে না।
কারণ তোমরা সভ্য তবে আমার আগে না।
সহজ-সরল আর অসভ্য এই দুইয়ের মধ্যে রয়েছে তফাৎ।
গ্রামের মানুষ সহজ-সরল কিন্তু অসম্ভব নয়।
গ্রাম আছে বলে এখনো পৃথিবীতে হয় দিন-রাত।
আর একথাটা মানবে নিশ্চয় ,
শহর গড়ে ওঠে গ্রামকে করে উৎখাত।
না ,গ্রামে সুইমিংপুল নেই তবে আছে বৃহৎ পুকুর ঘাট।
না, গ্রামে প্লে-গ্রাউন্ড নেই তবে আছে প্রশস্ত মাঠ।
না, গ্রামে কল-কারখানা নেই তবে আছে খামারবাড়ি।
না, গ্রামে অট্টালিকা ও নেই তবে স্বপ্নগুলো আকাশে দেয় পাড়ি।
না, গ্রামে পিচের পাকা রাস্তা নেই ,আছে মেঠো পথ।
বড় ডাক্তার ,বড় হসপিটাল নেই তবে প্রতিবেশীরা সব সৎ।
না, থাক ঝাঁ-চকচকে গাড়ি।
তবে স্বপ্ন আছে দিগন্তে দেব পাড়ি।
তাই লজ্জা পাই না আমি গেঁয়ো বলে।
আমরা সবাই উঠেছি বেড়ে এই প্রকৃতি মায়ের কোলে ।।

= সেই সময় =

এখন আর ভালোবাসা নেই ,
আছে শুধু দায়িত্ববোধ।
সেই সময়টা আজ আর নেই।
যখন ছিল প্রেমের জন্য প্রতিশোধ।
এখন পোশাক-আশাক কাউকে দেখানোর জন্য নয়।
যাই হোক একটা পড়লেই হয়।
কাঁধে পড়ে গেছে পরিবারের জোয়াল।
আর বাসে-ট্রেনে করি না খেয়াল ,
কটা আছে রমণী সুন্দরী।
এখন শুধু সময় দেখায় ঘড়ি।
বাড়ি থেকে অফিস আর অফিস থেকে বাড়ি।
কারো কাছে কিছু প্রমাণ করার নেই।
হারিয়ে গেছে সময় গুলো সেই।
সময়ের সাথে সাথে মনের হয়েছে পরিবর্তন।
এখন আর সাধ নেই চলছে শুধুই স্মৃতিচারণ।

= সন্তান তোমার =

জয় মা সরস্বতী।
এবার দাও অব্যাহতি।
ভালো লাগে না আর পড়তে।
কিন্তু উজ্জ্বল ভবিষ্যৎ হবে গড়তে।
জানি না, লাভ নাকি ক্ষতি।
সারা বছর দিয়েছি ফাঁকি ,
ফলাফলে করো মা গতি।
আমরা তোমার সন্তান মা গো ভুলে গেলে তা কি !
সারাবছর না ডাকিলেও একদিন তো ডাকি।
ওই যে পরীক্ষার ফলাফলের দিন ,
উত্তীর্ন হওয়ার আশা যখন খুবই ক্ষীন ,
তখন তোমায় মনে পড়ে।
অবশ্য পুষ্পাঞ্জলী দিয়েছিলাম মাগো বড়ই ভক্তি ভরে।
বাবা গেলে মারবে ঘরে ,
যদি ফেল করি।
ওইদিকে তে মাস্টারমশাই ভাঙবে বেতের ছড়ি।
এইবার টা মা করো উদ্ধার।
দিচ্ছি কথা ,পরের বারে এমন ভুল করবো না মা আর।

ছোট বেলায় লাগতো ভালো ,
শুনতে সেই রূপকথার গল্প ।
দিনের বেলায় সাঁঝ গড়ালো ,
বাস্তব ছিল অল্প ।
শিশু সুলভ মন ,
বুঝতো না তখন ।
গল্পের গরু ওঠে গাছে ।
খনো মনে আছে ।
কিছুতেই ঘুম আসিতো না ।
ঠাকুমা আর একটা গল্প বলো না ।
এই আবদার ছিল নিত্য ।
শৈশবকালে এটাই প্রথম সাহিত্য ।
এখন ভাবি বড় হয়ে ,
কি সুবিশাল ছিল সেই কল্পনার বৃত্ত !
সব ঠাকুমাই অন্তরালে যায় রয়ে ।
সৃষ্টি আজও অস্ফুট ।
পাথেয় আমার সেই অপ্রকাশিত, কল্পনা মুঠো মুঠো ।

= সব্জি সস্তা =

মজা লাগে বাজারে গেলে।
কেনাবেচা সব্জি ঢেলে।
সস্তা এখন সব্জি বাজার।
ভেন্ডি-ঝিঙে লাগবে কি আর ?
চিচিঙ্গা-করোলা সবই আছে।
ঐ দিকে ওই পটল নাচে।
সবই এখন দশ-পনেরো।
চাইলে কেনো যত পারো।
দামটা আলুর বড্ড চড়া।
সবজি খেয়েই পেটটা ভরা।
আলু ছাড়া সবই সস্তা।
নাইবা নিলাম আলুর বস্তা।
সবজি খাবো তাজা তাজা।
খাবো না কদিন আলু ভাজা।
এসেছে আবার ফলের রাজা।
সঙ্গে আছে লিচু কাঁঠাল।
একশো টাকায় অনেক মাল।

= সদা মেলে না =

সদা মেলে না মনের চিন্তা ভাবনা।
এইতো সকালেই ছিল এক পরিকল্পনা ,
আর হয়ে গেল অন্য কিছু।
মান্না দা সম্মুখে আর আমি যাচ্ছিলাম পিছু পিছু ,
খাব বলে ঘুগনি-মুড়ি।
দোকান বন্ধ জুটলো না কপালে।
ঠিক সেই তালে ,
দেখতে পেলাম এক মাসি বুড়ি ,
বেচিছেন রুটি তরকারি।
অগত্যা, গতি নাই।
খেতে হল তাই ,
আর যে কোন উপায় নাই।
যাই হোক, খারাপ হয়নি খাবার।
হঠাৎ যখন সময় হলো যাবার ,
দেখি খুলছে দোকান ঘুগনি মুড়ির।
না,আজ ভাগ্যে ছিল রুটি বুড়ির।
খাওয়া হয়ে গেছে আর তাকিয়ে লাভ নেই ঐ দিক পানে।
তাড়াতাড়ি ব্যারাকে গিয়ে চলো যাই স্নানে।

= খুন-জখম-রাহাজানি =

চারিদিকে এখন খুন-জখম-রাহাজানি ।
বদলে গেছে মানে জল পৃথক , পৃথক পানি ।
সংখ্যালঘু-সংখ্যাগুরু,ধর্ম নিয়ে টানাটানি ।
আমি বড় নাকি তুমি এই নিয়েই কানাকানি ।
আমি শিক্ষিত,ধর্মগ্রন্থের মর্মার্থ আমি জানি ।
তোমরা অশিক্ষিত,তাই বোঝাবো উল্টো করে ।
যাহাতে শান্তি না থাকে রাম ও রহিমের ঘরে ।
এক বিরল কায়দা ।
মশাই এখানেই তো ফায়দা ।
ক্ষমতা চাই,গদি চাই গদি ।
সবকিছু বুঝে যাও তোমরা যদি ,
চলবে কীভাবে এই মৃত্যুর কারবার ।
একবার নয় দুবার নয় সবকিছু জেনে
বুঝেও ঠকো তোমরা বারবার ।
এই একই নিয়ম চলছে যুগে যুগে ।
সাধারণ বেঁচে থাকে নিত্য জ্বালা ভুগে ।
সমাজ শাসন করে কতিপয় সুযোগ-সন্ধানী ।
চেয়ে দেখো চারিদিকে শুধুই খুন-জখম আর রাহাজানি ।

॥ আয় বলি ॥

আয় বলি ফিস-ফিস।
নাচায় ওরা তোরা নাচিস।
ওরা যে সব স্বার্থান্বেষী।
মাথা ওদের ,তোদের পেশী।
বুদ্ধী ওদের অনেক বেশী।
কখন কীভাবে বাঁধাতে হয় বিরোধ ,
কার সনে কীভাবে নিতে হয় প্রতিশোধ ,
ওরা তা ভালো জানে।
আয় বলি কানে-কানে ,
দিস না পা ফাঁদে।
তোরা-মোরা শত্রু হব ,
কার তরে কে কাঁদে।
অকালে সব প্রান হারাবো ,
আর ওরা রাবে পদ।
ভাইয়ে-ভাইয়ে লড়ে তোরা একটি বোতল মদ।
দেবে না কাটতে তোদের নেশা।
রাজনীতি যে ওদের পেশা ,
সাবধানে তুই থাক।
চল এড়িয়ে আজ থেকে তুই অসতের ঐ ডাক॥

= ব্যাপক উত্তেজনা =

ইদানিং দেখছি ধর্ম নিয়ে ব্যাপক উত্তেজনা।
রাম এবং রহিমকে চালিত করছে অন্য জনা।
এ সব কিছুই এটা পরিকল্পিত ছক।
হিন্দু-মুসলমন হয়ে গেছে আজ পৃথক।
প্রকৃত শিক্ষার আজ উভয়ের।
হয়েছে ভাই ঢের।
বুঝবি তোরা কবে ?
কলির সন্ধ্যা তো সবে !
জানি না কখন সকাল হবে !
আদৌ কী হতে দেবে ?
এ জনতা ঘুম কে ভাঙাবে ?
বিড়াল গলে ঘন্টা কে টাঙাবে ?
একদিন সব কিছু হয়ে যাবে শেষ।
এই সমাজ,এই পৃথিবী, এই দেশ।
শুরু থেকে আবার শুরু হবে।
হবেই তবে জানি না কবে !

= কাজ আছে তাই =

বেঁচে আছি কাজ আছে তাই।

পিছনে ফেলে আসা দুঃখের স্মৃতি গুলো ফিরে দেখার সময় নাই।

কাগজ সবই পুড়ে হয়ে গেছে ছাই।

তবু আজও দুঃখের মাঝে সুখকে খুঁজে বেড়াই।

বুকের মাঝে দুঃখ জমে একরাশ।

তবু বর্তমান কর্মপরিধি হতে দেয়নি মোরে হতাশ।

ধূসর যখন ছিল চারিপাশ ,

ব্যর্থতা যখন করেছিল মোরে গ্রাস ,

আজ কর্মব্যস্ততা, মোরে সেথা হতে ,

ফিরিয়ে এনেছে জীবনের মূল স্রোতে।

আমার জীবনে আসা দুইখানি।

অফিসের ব্যস্ততা আর আমার লেখনি।

তোমরা বোধহয় দেখনি ,

আমার সেই ভেঙে পড়া জীবন।

অতীতের সেই ভারাক্রান্ত মন।

সামলে উঠেছি এখন অনেকটাই।

দুঃখ আছে তবে আশা এখনও জ্বেলে-পুড়ে হয় নাই ছাই।

কর্মব্যস্ততা আছে বেঁচে আছি তাই ।।

= চার বার =

করেছিল বিয়ে চার বার ।
কোন বারেই টিকলো না সংসার ।
শেষে গড় ঠুকে নমস্কার ,
করিল যে পণ ,
এবার সন্ন্যাস গ্রহণ ।
আর নয় সংসারের মায়া ।
চিন্তা করলেই কেঁপে ওঠে কায়া ।
কি ছিল এমন ক্রুটি ,
যে কোন বারেই সংসার হলো না ভায়া !
না, এবার চাইছে ছুটি ।
হৃদয় কঠিন হয়ে গেছে এই জ্বালা সয়ে সয়ে ।
আর গার্হস্থ্য জীবন নয় চলে যাবে হিমালয়ে ।
আর পরতে চায় না সে বেড়ি পায়ে ।
অনেক হয়েছে , সাধ মিটে গেছে ।
জীবনে আর যেটুকু সময় আছে বেঁচে ,
ভাবছে কাটাবে হিমালয়ের পাদদেশে ,
পিছুটান হীন সন্ন্যাসী বেশে ।।

= সময় আসবে =

সারা জীবন কারো সমান যায় না।

সারা জীবন সুযোগ পায় না ,

এমন কেউ নাই।

আমি বলি তাই ,

ধৈর্য্য ধরো, অপেক্ষা করো।

হৃদয়-পানে আশাগুলি একে একে করো জড়ো।

একদিন আসবেই আসবে সুযোগ সময়।

মনে জমে রেখো না ব্যর্থতার ভয়।

আজ হয়েছ ব্যর্থ ,

তার অর্থ ,

হেরে যাওয়া নয়ৎ।

হার থেকে শিক্ষা নিয়েই তুমি পাবে জয়।

একদিন আসবেই আসবে সেই সময়।

ভয় পেয়ও না অকারণ।

ব্যর্থতা কারণগুলি করো বিশ্লেষণ।

লুকিয়ে থাকা গোপন কারণগুলি করো অন্বেষণ।

সম্মুখে যেদিন কারণগুলি হইবে উদয় ,

জানিবে জয় আছে অদূরে,হবে নিশ্চয় ।।

= তুমিও অবহেলিত =

একদিন গিয়েছিলে তুমি ছেড়ে ,
মরে না দিয়ে গুরুত্ব।
আজ বিধি তোমারও ভালোবাসা নিয়াছে কেড়ে ,
তুমিও আজ অবহেলিত।
ভাবছো ভুল করেছো মস্ত।
কি লাভ আজ করিয়া অনুতাপ।
না, আমি বলছি না যে তুমি করেছিলে পাপ।
না, আমি দিচ্ছি না কোন অভিশাপ।
তা ছিল তোমার মর্জি।
তবে একবার শুনতে পারতে মোর আর্জি।
আমি আজ আর নেই তোমার তরে বসে।
যে তারা একবার আকাশের বুক থেকে যায় খসে ,
সে আর কভু ফেরে না আকাশে।
প্রেমিক যার জীবনে নিত্য যায় আসে ,
তারে কেইবা বলো ভালোবাসে।
এক সময় আমিও তোমারে ভালবাসতাম।
দাওনি তুমি সেই ভালবাসার দাম।
আজ আমি সুখী বর্তমানের সনে।
অতীত তোমার নাম।
আর ফিরে তাকাতে চাইনা ওদিক পানে।
ধোকা খেয়ে বুঝে গেছি এ জীবনের মানে।।

= বৈষম্য কেন =

কেন এই বৈষম্য আমাদের সঙ্গে ?
বর্ষা এসে গেছে উত্তরবঙ্গে।
আর দক্ষিনবঙ্গে !
নেই এক ফোঁটা বৃষ্টি।
একী অনাসৃষ্টি !
এখনও রোদ্দুর কাঠ-ফাটা।
খালি পায়ে যায় না হাঁটা।
বাস্প হচ্ছে পীচ গোলে।
কাঁদছে শিশু মায়ের কোলে।
পুড়ছে পীঠ দিনের বেলায়।
সূর্য মেতেছে আগুন খেলায়।
জনশূন্য রাস্তা-ঘাট।
ফেটে চৌচির সিক্ত মাঠ।
আসে কেন এই গ্রীষ্মকাল !
পশু-পক্ষীরাও নাজেহাল ।।

= কী ভীষণ গরম =

গরমের চোটে খালি গায়ে ।
চলছে পাখা ডাঁয়ে বাঁয়ে ।
শুকাচ্ছে না তবু ঘাম ।
যাচ্ছি ভুলে বাপের নাম ।
অফিস থেকে ফিরে এই সবে স্নান সারলাম ।
পাখাও যেন ছাড়ছে হাওয়া গরম ।
আবহাওয়া আজ বড্ড চরম ।
বিছানাও উঠেছে তেতে ।
ভাবছি বসে খেতে খেতে ,
এই ভিড় ঠেলে কালও অফিসে হবে যেতে ।
অফিসটা যদিও বাতানুকূল ।
কিন্তু নিত্য দিতে হয় এই যাতায়াতের মাশুল ।
দোষ কারও নয় , ফাঁদে পড়ে গেছি ঋতুভেদে ।
ঋতু চলে তার নিয়মে লাভ নেই কো কেঁদে ।।

= চুল কাটাবো =

ক'দিন ভোর লাইন দিয়েছিলাম অন্য কাজ ছাড়ি।

ভীড়ের জ্বালায় প্রত্যেকবারই ফিরে আসতে হয়েছিল বাড়ি।

কিন্তু আজ আর নয়, ফিরবো তবে কাটিয়ে চুল-দাড়ি।

মাথার অবস্থাটা যেন নেমেছে বটের ঝুরি।

শ্যামল দা আজ আর ফিরে যাব না।

ফিরে গেলে এ সপ্তাহে আর সময় পাবো না।

পেয়েছি ছুটি আজ।

সেরে ফেলতে হবে যত বাকি কাজ।

এই তো দেখছি আজ বেশি ভীড় নাই।

মাত্র কয়েকজন একটু বসে যাই।

সেই জন্যেই তো এসেছি আজ সকাল সকাল।

মনে আছে, ফিরে গেছি গতকাল।

গ্রীষ্মকাল একটু ছোট করে কেটে দিও।

না যেন আসতে হয় হেথা গেলে এক মাস পেরিয়েও।

গ্রীষ্মের ছুটি

মেয়ে আমার আনন্দেতে খাচ্ছে লুটোপুটি।
ঘোষণা হয়েছে বেড়ে গেল স্কুলের গ্রীষ্মের ছুটি।
সারাদিন নাচানাচি খেলা আর খেলা।
মেয়েকে সামলাতে গিন্নী আমার কাঠ করেছে চেলা।
সকাল থেকে শুরু হয় ঝামেলা মায়ে-ঝিয়ে।
সারাদিন বকা ঝকা বুঝিনা ঝামেলাটা কি নিয়ে !
লকডাউন এর পরে মেয়ে আমার,
দিব্যি যেতে শুরু করেছিল বিদ্যালয়ে।
দেখছি এখন গ্রীষ্মের ছুটি বাড়ছে বারবার ,
আদৌ খুলবে তো ইস্কুল ! আছি সেই ভয়ে।
যাই হোক অভ্যাসটা কিন্তু হয়ে যাচ্ছে বাজে।
সবই ঠিক আছে কিন্তু মোটেই পড়তে বসতে চাইছে না যে।
আসলে পড়া ঠিক হয় না,না থাকলে চাপ।
বছর শেষে দেখবো আবার নতুন ক্লাসের উঠে গেছে দিয়ে এক লাফ।

= চেয়ে দেখি =

নিরবে একাকী ,
সম্মুখে চেয়ে দেখি ,
স্মৃতিগুলো যায়নি মুছে।
দুঃখ সব যায়নি ঘুচে।
সুখী হওয়ার বাসনায় ,
কেটে গেল অর্ধজীবন।
শিক্ষা শেষ সাধনায় ,
সঠিক সময়ে বোঝে নি মন।
আজ শুধু হাহাকার।
আশা নেই ফিরে পাবার।
কারন সঠিক বয়সে সঠিক কাজ ,
সব হারিয়ে বুঝেছি আজ।

এমন ভাবে

চোখে অশ্রু নিয়ে ,
দুঃখ স্রোতে হৃদয় ভাসিয়ে ,
প্রতিহিংসায় মন বিষিয়ে ,
লাভ নেই প্রাণ বাঁচিয়ে।
কাতর কণ্ঠে অভিনয় ,
রুদ্ধশ্বাস পরাজয় ,
এটা ঠিক বেঁচে থাকা নয়।
জীবনটা এক যুদ্ধ বটে।
কিন্তু নিত্য যদি অঘটন ঘটে ,
ভালো লাগে কি বলো আর।
খোলা থাক দিন-দুয়ার।
জীবন হোক মসৃণ।
দিনগুলো হোক দীন।
ঘুচে যাক সব ঋণ।
জীবন হাস্যকর নয় ,
হোক হাস্যময়।

= বাঘে শিয়ালে =

বাঘ মামা বলল হেসে ,
বনের রাজা আমি।
চতুর শিয়াল কহিল কেসে ,
বুদ্ধিটাই যে দামী।
বাঘ দেখালো সবল পেশী।
শক্তি তাহার অনেক বেশি।
শিয়াল কহে বুদ্ধি জোরে ,
সে যে আপন শিকার করে।
লাগে না তার বাহুবল।
শক্তি তাহার একমাত্র কপট এবং ছল।
বাঘ তখন গর্জে উঠে দেখায় তাহার দাঁত।
শিয়াল তখন বিপদ বুঝে রাখল মাথায় হাত।
ভাবল এখন আশেপাশে বন্ধু নাহি কেহ।
সুযোগ বুঝে পালানোটাই তাহার কাছে শ্রেয়।

= নির্বাসন =

খরগোশ ভায়া মাটি খুঁড়ে ,
বানায় তাহার নিজের কুঁড়ে।
শিয়াল, ইঁদুর একই প্রকার ,
কোকিল কে না হয় দিলাম ছাড়।
ব্যাঙের প্রিয় মাঠ-ঘাট-পুকুর পাড়।
সেথায় থাকতে তাহার মাথা ,
বানিয়ে ফেলেছে ছাতা।
মাছের প্রিয় নদীর তীর।
গাছের গালে পাখীর নীড়।
আর মানুষ এমন চতুর জাতি ,
বানিয়ে ফেলে রাতারাতি ,
ধ্বংসলীলার চিন্তা ছাড়ি ,
তৈরি করে নিজের বাড়ি ,
তিন পুরুষের তরে।
নেভায় সবই জ্বালাতে জ্যোতি নিজের ঘরে।।

= বৈপরীত্য =

আমি হাসছি বোলে দুঃখী নই ,
আমি খাচ্ছি বোলে উপবাসী নই ,
আমি আবৃত বোলে নগ্ন নই ,
বাহ্যিকে কঠিন বোলে ভগ্ন নই ,
এমনটা কিন্তু নয়।
আসলে এ সবই অভিনয়।
হয়,হয় ,
এমনটা হয় করতে।
কেউ যেন না পারে ধরতে ,
নিজেকে এরূপে হয়েছে গড়তে।
কারন যদি জানতে চাও ,
তবে শুনে যাও ,
আসলে অন্তরের দুঃখ ঢাকতে ,
বাধ্য হয়েছি এই বৈপরীত্য রাখতে ।।

= কেন্ করেছে =

করেছে কেন্ ,
জ্বালাবে ট্রেন ,
কিভাবে রোধিবে তারে।
এ জনতা সবই পারে।
জনতা হল জনার্দন।
চালায় তারে অন্যজন।
জাতি গোটা ,
বুদ্ধি মোটা।
অন্যের তরে ,
অস্ত্র ধরে ,
নিত্য কলহ নিজ ঘরে।
দুই কেজি চালে ,
কি খুশি মন !
বাঘ পড়িলে গরুর পালে ,
রাখাল ছুটে পালায় তখন।
কার তারে এই বোমাবাজি ?
দেখো সে বসে আছে ঘরে ,
রাজা সাজি।
দুই কেজি চালের তরে ,
জীবন রাখছো বাজি।

= কুকুরের প্রকারভেদ =

আচ্ছা, বলতো দেখি ,
কুকুর কয় প্রকার ?
মুক্তির স্বাদ পায় সে কি ,
শিকল-বাঁধা গলে যার ?
আবার কুকুর যে রাস্তার ,
অন্নাভাবে দিন কাটে তার।
বোনের কুকুরটা আবার ,
মুক্ত কিন্তু নিত্য করতে হয় শিকার।
ভবিষ্যত অনিশ্চিত,এ কেমন বিচার !
পোষ্য কুকুরটি রাস্তার কুকুর টিকে ডেকে বলে ,
ভাই কিভাবে তোর দিন চলে ?
কেউ দেয় না খেতে তোরে সময় হলে।
রাস্তার কুকুর টি তাকে দেয় মনে করিয়ে।
চেয়ে দেখ্ তোরে বন্দি বানিয়েছে শিকল পরিয়ে।
হঠাৎ বনের কুকুরটি পড়লো ঢুকে লোকালয়ে।
স্বজাতি দেখে এলো সেথা ভয়ে ভয়ে।
মন দিয়ে শুনিল আলোচনা তাদের।

এবার সহাস্যে কহিল, হয়েছে ভাই ঢের।
হেথা পেট ভরে আছে খাবার, মাথার উপর আছে ছাদ।
চল গিয়ে দেখবি বনে ,পাবি মুক্তির স্বাদ।
অনিশ্চিত জীবন কিন্তু আনন্দ নিখাদ।

= একটু অন্য =

মনে জমানো অনেক কথা, শুনবে কী তুমি ?
স্বপন ছুটেছে ঐ দূরে, দিগন্তে গগন চুমি।
পাগলের প্রলাপ তোমার কাছে, আমার কথাগুলো।
মাঠে আমি কাব্য খুঁজি, তোমরা দেখ ধুলো।
আকাশ মাঝে চাঁদ কে খুঁজি, তোমরা খোঁজ আলো।
বাস্তব মাঝে তোমরা চলো, আর কল্পলোকে আমি অগোছালো।
অশ্রুকে তোমরা সোজাসাপটা বলো সবাই দুঃখ।
বলি আমি বাঁধ-ভাঙা জল, চিন্চা আমার সূক্ষ্ম।
নদী মানে জলরাশি তোমাদেরই কাছে।
আমি বলি স্বপ্ন মাঝির, সেথায় ভেসে আছে।
বন্য মানে তোমরা বলো অসভ্যতার প্রতীক।
আমি ভাবি জীবন সেথায় রহস্যময় অধিক।
তোমরা ভাবো অর্থ মানে অনেক অনেক সুখ।
কর্ম বিনে কিছুতেই যে ভরে না মোর বুক।
মৃত্যু মানে অতৃপ্তি আর জীবন আনে আলো।
এমনভাবে বাঁচার চেয়ে মৃত্যু অনেক ভালো ।।

প্রসারিত

এই রাস্তা অনেক অনেক দূর পর্যন্ত প্রসারিত।

যদি এই সংযমী জীবন মোরে অনুমতি দিত ,

আমিও দিতাম পাড়ি।

কিন্তু এখন আমি সংসারী।

অনেক পিছুটান।

দিগন্তের ঐ খেয়ালি গান ,

করে মোরে আকর্ষিত।

কল্পনা গুলি বৃষ্টি রূপে সেথা হয় বর্ষিত।

চতুর্দিকে আনন্দধারা।

যেতে পারে না কেউ সেথা খেয়ালি মানুষ ছাড়া।

কারণ পথটা যে দুর্গম দুর্ভেদ্য তা নয়।

আসলে কষ্ট লাগবে ফিরে আসবার সময়।

কারণ অজানাকে জানার মানুষের অন্তরের যে অস্ফুট কৌতুহল।

সেই টানে সেই কারণে তখন সে হবে বিচ্ছেদ ভয়ে বিহ্বল।

তাই বলছি যাওয়াটা বড় ব্যাপার নয়।

কিন্তু আর যদি ফিরে আসা নাহি হয় !

= এখন বড় নেতা =

দু'দিন আগে ভ্যান চালাতো ,
এখন ভুলে গেছে সে , তা ।
এখন তাহার ভক্ত কতো ,
হয়ে গেছে বড় নেতা ।
মানুষ টা সেই মেহনতী ,
আজ বিবেক দিয়েছে আহুতি ।
মাথার ঘাম আর পড়ে না পায়ে ।
সাদা পোশাক তাহার গায়ে ,
বাতানুকূল গাড়ি ।
সততা দিয়েছে সঙ্গ ছাড়ি ,
অতীতের সাথে হয়েছে আড়ি ।
নেই আর সেই টালির চাল ,
এখন বিশাল বড়ো বাড়ি ।
নীতি বেচে হল মালামাল ,
এখন অত্যাচারী ।
রাজনীতিতে সবই হয় ।
সাধুর বদলে অসাধুর জয় ।

= একান্নবর্তী পরিবার =

একান্নবর্তী পরিবার ,
দেখা যায় না বিশেষ আর।
ও সব ইতিহাস।
বিচ্ছেদে হল সর্বনাশ।
আমি, ও ,আর একজন ,
এই নিয়েই সংসার এখন।
নিজে সুখে থাকার আশায় ,
দেওয়াল দিল বাসায়।
চরম সীমায় স্বার্থপরতার।
বাঁধন ছিঁড়ে হল ছারখার।
সামাজিক তবু নি:সঙ্গ।
ভাই-ভাই আর নেই আর এক অঙ্গ।
সব শেষ !
তবু বলছি ভালো আছি বেশ।
শব্দ টা এখন নিউক্লিয়ার।
একটা ভেঙে হইল চার ।।

হইল আজ বিরল করুন অভিজ্ঞতা।
সবিস্তারে না হলেও সংক্ষেপে বলবো দু-চার কথা।
নি:শ্চল বাসে তাই ভাব প্রকাশে লিখছি বসে কবিতা।
জানি না কেন আজ এমন দুর্ভেদ্য যানজট !
এখন আমার কবিতার এটাই প্রেক্ষাপট।
লইয়া কাঁধে ঝোলা ব্যাগ ,
ঠিক পৌনে সাতটায় অফিস করলাম ত্যাগ।
ছেড়ে গেল,যে ট্রেন ছিল সাতটা পঁয়তাল্লিশে।
তবু হাল ছাড়িনি।
ঠিক আছে, আবার আছে তো আটটা বিশে।
কিন্তু ভাবতে পারিনি ,
এই আশাও যানজটে যাবে পিষে।
একবার মনে হল ফিরে যাই অফিসে।
কিন্তু কী লাভ ! সেই তো একই ব্যপার।
অফিস থেকে পার্ক সার্কাস ,
রাস্তা হবে ঐ দশ-বারো কিলোমিটার।
এইটুকু পথ আসতে বাস ,
সময় নিল প্রায় উপরে দুই ঘন্টার।
ভাই বলবো কী আর, কী যে বিরক্তিকর ব্যপার।
শেষে বাধ্য হয়ে গেলাম নেমে তপসিয়া।
যাচ্ছি হেঁটে মনে একটাই আশা লহিয়া ,
দ্রুতবেগে খরো-খরো।
শেষ সম্বল ন'টা পনের ।।

॥ বাড়ছে ভুঁড়ি কমছে খিদে ॥

ইদানিং খাচ্ছি মেপে।
তবু ক্রমশ বেড়ে যাচ্ছে ভুঁড়ি।
পেটটা যেন আছে ফেঁপে।
কখন সেই বিকেলে খেয়েছি চপ-মুড়ি।
বোধহয় হচ্ছে কম ,
নিত্য দৈহিক পরিশ্রম।
আগে সত্যিই খোরাক ছিল।
খাসির মাংস এক কিলো ,
ছিল না কোন ব্যাপার ,
এখন গুনে টুকরো চার ,
বেশি নয় তার।
খেতে বসে রেষারেষি ,
করতে পারি না আর।
এক মুঠো ভাতও যেন লাগে বেশি।
সময়ের সাথে সাথে , খিদে কমে গেছে রাতে।
চারটি পদ দেখিলে পাতে ,
ঘাবড়ে যাই দেখে।
ইচ্ছা থাকলেও উপায় নাই ,
উঠে যাই অবশিষ্ট রেখে।
আর নাই সেই মনোভাব শুধু খাই খাই।
অলস হয়েছি বুঝছি সেটাই ॥

সত্যি করে বলতো, তুমি কি আদৌ ভালবেসেছিলে ?
সত্যি করে বলতো, তুমি কি মন থেকে মেনে নিলে ?
যে বাঁধন , যে সম্পর্ক গড়ে উঠেছিল তিলে তিলে।
টুকরো টুকরো খড়কুটো দিয়ে, বানিয়েছিলাম নীড় দুইয়ে মিলে।
হঠাৎ জীবনে এলো কালবৈশাখী।
তুমি চলে গেলে, কি করে সামলে রাখি।
একটা একটা করে আনা সেই খড়কুটো,
চোখের সামনে যাচ্ছে উড়ে।
কি লাভ হল নীড় বানিয়ে , সেই যদি দুজনে রবো দূরে।
নীড় আছে স্বপ্ন নাই।
কালবৈশাখীর ঝরে যাক না সব উড়ে।
বলতো নতুন স্বপ্ন দেখার আশা কোথা পাই ?
আমিও বাঁচতে চাই।
না, তোমার করুণায় নয়।
তোমার তো সংকীর্ণ হৃদয়।
আছে যেথা, স্বার্থপরতা ,
সেথা গড়ার চেয়ে বেশি ভাঙার ভয়।
যে রাখিলো না দেওয়া কথা ,
তার করুণায়ও মিশে স্বার্থপরতা।

= উদ্দেশ্য বিনা =

এই যে নিত্য করি এত লেখালেখি ,
যদি বল এর উদ্দেশ্য , সার্থকতা আছে কি ?
জানি না থাকলেও থাকতে পারে হয়তো।
নাম-যশ পেলে ভালো নয় তো ,
হয়ে যাব কোন এক অখ্যাতনামা কবি।
নাই বা টাঙানো হল দেওয়ালে কোন ছবি।
শখ যে আমার এটা, ইংরেজিতে যাকে বলে হবি।
অবসর বিনোদনও বলতে পারো।
নেশাও বলতে পারো।
আমার সঙ্গে একমত তুমি নাও হতে পারো।
ভিন্নমত হতে পারে কারো কারো।
টাকা-পয়সার হিসাব আমি বুঝি না।
শখের মাঝে তাই কোনো উদ্দেশ্য খুঁজি না।
টাকা পয়সা আসবে যাবে।
কর্ম যেদিন পরিচয় পাবে ,
সেদিন বুঝবে , কাকে বলে আসল সার্থকতা।
অবশ্য যে বুঝতে চায় না , তাকে বোঝানোর চেষ্টা অযথা।

= অস্ত্র =

শুধুই নয় অন্ন-বস্ত্র ,
যদি না ধরতে পারো অস্ত্র ,
ব্যর্থ তুমি হবে অভিযোজনে।
হয় না জয়ী অহিংসা, সশস্ত্র রণে।
ধর্ম-অধর্মের যুদ্ধ চলছে চিরকাল।
ধর্ম রক্ষার্তে যে তুলে নেয় তরবারি-ঢাল ,
সে হিংস্র নয়, বীর।
তুমি কাপুরুষ, খোঁজো শান্তির নীড়।
ভদ্রতার আড়ালে কাঁদছে কাপুরুষতা।
মন চাইছে কিন্তু পিছু টানছে ভীরুতা।
যে সভ্যতা গড়ে তুলেছ তিলে-তিলে ,
তা ধবংস হওয়ার আগে অস্ত্র তুলে নিলে ,
সেটা পাপ নয়।
বহুরূপী গিরগিটিরা দেখাবে ভয়।
শোনাবে শান্তির বাণী।
ঘটিলে স্বজনের প্রাণহানি ,
জানাবে মেকি সমবেদনা।
আমি বলি কেঁদনা।
সময় থাকতে থাকতে হাতে তুলে নাও হাতিয়ার।
অকাল মৃত্যু যদি দেখিতে নাহি চাহ আর।
মৃত্যুকে মৃত্যুই ঠেকাতে পারে।
বাঁচবে সেই যে অস্ত্র নিয়ে দাঁড়িয়ে দ্বারে।

= শিক্ষা-দীক্ষা-ভিক্ষা =

নাস্তিকতাই যখন দীক্ষা ,

স্বার্থপরতাই যখন শিক্ষা ,

ভবিষ্যত জীবন তখন তো হবেই ভিক্ষা।

পিছু হটাই বুদ্ধিমত্তা।

আখের গোছানোটাই মানবসত্তা।

নম্রতা এখন বদলে হয়েছে ভীরুতা।

ভদ্রতা এখন বদলে হয়েছে কাপুরুষতা।

দাবি-দাওয়া অধিকার নয়, আকুলতা।

এই সমাজে তথাকথিত শিক্ষিত আমি।

তাই আমার জীবনটা যে বড্ড দামি।

ভাবি আমি নিরাপদ কারণ দিয়েছি দুয়ার।

অধর্ম যখন আসবে দুয়ারে তুমিও পাবে না নিস্তার।

জ্বলছে যখন পাশের বাড়ি আমি তখন অন্ধ।

জানালা দিয়েছি, ধোঁয়ায় যাতে দম না হয়ে যায় বন্ধ।

হ্যাঁ, আমি শিক্ষিত স্বার্থপর।

সমাজ জ্বলে জ্বলুক ব্যতি রেখে আমার ঘর।

হ্যাঁ, আমি শিক্ষিত স্বার্থপর।।

= সূর্যোদয় =

উঠেছি অনেক ভোর ভোর ,
দেখবো বলে সূর্যোদয়।
দেখলাম আকাশের কী ভীষণ ঘোর।
মুখ ভার নির্দয়।
কালো পর্দার অন্তরালে ,
নিরব রবি মন।
আজ তাই আমার কপালে ,
নেই দেব দর্শন।
আলো ফুটিলো ;সকাল হলো।
কিন্তু রবি কই ?
চোখ কেন তার ছলছল।
ছেড়ে গেছে বুঝি সই।
হয়েছে সকাল সময় ভেদে।
রবিকে মেঘ বুঝি রেখেছে বেঁধে ,
তাই আসেনি সে।
তবে মাঝে মাঝে দিচ্ছে উঁকি কালো পর্দা সরিয়ে।
ধীরে ধীরে বেলা যত যাচ্ছে গড়িয়ে ,
বাড়ছে ততোই মেঘের ঘনঘটা।
এখনই বুঝি খুলে দেবে মহাদেব তানার জটা।

= কষ্ট =

হ্যাঁ, আমিও ওদেরই একজন।

কোন মেয়ে, গৃহিণী হয়ে যায় যখন ,

ভাবি , এটাই নিয়তি তার তখন ,

গৃহবন্দী হয়ে খাটবে সে সারাক্ষণ।

এটাই বুঝি তার জীবন !

মুক্ত আকাশ দেখা বুঝি তার বারণ !

মনের ইচ্ছা গুলিকে তিলে তিলে মেরে ,

এ সমাজের একচোখো নিয়মের কাছে সে হেরে ,

এটাই মেনে নেয় নিয়তি বলে।

কিন্তু মনে তার অনেক প্রশ্ন জমে।

জানিনা এ সময় চলছে কোন ভ্রমে !

কষ্ট অনেক, দুঃখ হয়না প্রকাশিত।

সমাজের বৈষম্য-বেড়াজাল তারে করেছে আবৃত।

আমিও এই পুরুষতান্ত্রিক সমাজেরই একজন।

দেখি সব, বুঝি সব , চাই না পরিবর্তন।

কারণ আমিও যে সুবিধাবাদী ভীষন।

= অসময়ে ডাক =

হঠাৎ গেল চলে , বিধির অকাল ডাকে।

এমনই নিয়ম, ইহলোক পর করে দিল তাকে।

বয়স তখন সবে মাত্র চল্লিশ কি বিয়াল্লিশ।

কী এমন যন্ত্রণা যে পান করিল মৃত্যু বিষ।

একবারও কি টানলো না পিছে এই সংসার মায়া ?

তপ্ত রৌদ্রে শরীর হারাল তার ছায়া।

পথ চলা ছিল একসাথে ,

কিন্তু দেখতে পাইনি তার হৃদয়ে বিঁধে থাকা কাঁটা।

হাত ছিল হাতে ,

পাশাপাশি তবু পৃথক পথে হাঁটা।

সেও বলেনি,আমিও করতে পারিনি অনুধাবন।

কারণ সন্ধানে আজও উদ্বিগ্ন মন।

ফুটবলার মাঝেও কিছু বলা অসমাপ্ত।

বন্ধু হয়েও বুঝতে চাইনি তাই অনুতপ্ত।

স্মৃতিপটে রয়েছে বটে ,

বিকেলের আড্ডাটা নেই আর সেই নদী তটে।

মৃত্যুটা আজও মনে জাগায় বিস্ময়।

সুখের হোক আজ তোর নতুন আশ্রয়।

= হিংসে হয় =

তোমাদের কাহিনী শুনে সত্যিই আমার হয় হিংসে ।

সেইসব দেখিনি আমি জন্ম আমার বিংশে ।

রাখাল ছেলের চরানো গরু ,

মেঠো পথ বড্ড সরু ,

গ্রামেগঞ্জে মাটির বাড়ি ,

দিগন্তজোড়া গাছের সারি ,

আর যন্ত্র বিহীন গরুর গাড়ি ,

গামছা কাঁদে চাষী মাঠে ,

সারাবেলা শস্য কাটে ।

ঢেঁকিতে সেই ধান ভানা ,

এখন কি কারো আছে জানা ?

এক ঘরেতে ছয় ভাই ,

এখান্নবর্তী ছিল তাই ।

বইয়ের পাতায় যখন পরিচয় ইতিহাস ,

কল্পনা শত জড়ো হয় মনে একরাশ ।

মনে হয় কেন জন্ম হলো না সেই সময় ।

পেতেম না হয়, তাতে কি, সেকেলে বলে পরিচয় !

= বিবাহ বর্ষপূর্তি =

অঙ্কন দা শুনলাম গতকাল না কি ,
হয়ে গেল তোমার বিবাহ বর্ষপূর্তি।
আজ তাহলে বলো কিভাবে চুপচাপ থাকি !
চলো, রাতের বেলা হয়ে যাক একটু আনন্দ-ফুর্তি।
বেশি কিছু নয় , একটু মাংস আর রুটি।
খোরাক সবার কম, কেউবা চারটি কেউবা দুটি।
হয়ে গেল বিকাল চলো করে ফেলি জোগাড়-জাত।
লাভ নেই বেশি দেরি করে রাত।
পাওয়া অসম্ভব সবাইকে একসাথে।
আজ যারা থাকবে রাতে ,
চলো , তাদেরকে নিয়েই সেরে ফেলি অনুষ্ঠান।
পরে না হয় খাইয়ে দিও বাকিদের , যদি চায় প্রাণ।।

= রথের মেলা =

মেয়ে আমার ধরেছে বায়না।
না, সচরাচর এমনিতে কিছু চায়না।
আসলে পূজা-পার্বণে আমার সঙ্গ পায় না।
তাই কাল যেতেই হবে ঘরে।
অন্য কাজ-বাজ দেখা যাবে পরে।
কাল শুক্রবার বিকেল বেলাতে।
গিন্নি ও মেয়েকে নিয়ে যেতে হবে রথের মেলাতে।
কি জানি, আর কি আছে পরিকল্পনা।
কি জানি ,কি চলছে ওদের মধ্যে জল্পনা।
এই বছর পাবো সময় বড়োই ভাগ্যক্রমে।
মেয়ে আমার বেজায় খুশি, বিকেলটা যাবে জমে।
এখনই যাচ্ছে না বলা ,
যাব কোথায়,কলাগাছি নাকি কেয়াতলা।
আগে যাই ঘরে, পরিকল্পনা তারপরে।
দেখা যাক, মেয়ে কোন দিকে যাওয়ার বায়না ধরে।
আমার তো যেখানে হোক গেলেই হল।
সেই উদ্যম আর নেই যখন বয়স ছিল ষোল।

= অদৃষ্ট =

স্পষ্ট দৃষ্ট হাতের রেখা।
তাতেই আছে কত কি লেখা।
ভবিষ্যৎ তবু যায় না দেখা।
সবই অনুমান।
আকুল পরান ,
সবকিছু তবু জানতে চায়।
মরীচিকা কভু কি ধরা যায় !
সে যে শুধু এক ছায়া।
সুখে থাকার যে মায়া ,
তার তরে সবকিছু চাই জানতে।
আরে বোকা !
বিধিকে কেউ কি পারে হাতের মুঠোয় আনতে।
সবকিছুই এক ধোকা !
ভাগ্য গণনা বা হাত দেখা।
আরে বোকা !
এমন কে আছে,যে নিয়তিরে খন্ডাবে !
সময় আসুক, অদৃষ্টের সাথে এমনিতেই দেখা হয়ে যাবে ॥

= সেই দিন =

আজ হয়তো অনেকেরই জানা নাই।
এই বাংলার বুকে কেন স্মরণীয় একুশে জুলাই।
এটাও ছিল এক প্রকার স্বাধীনতার সংগ্রাম।
স্বৈরাচারী অত্যাচারের হাত থেকে মুক্তি পাওয়ার নাম।
শাসক বনাম নিপীড়িতের সংগ্রাম।
তেরোটি তাজা প্রাণ দিয়েছিল যার দাম।
আজ যে আকাশে-বাতাসে মুক্তির সুবাস ,
আজ মোরা স্বাধীন, কারো নয় দাস।
এ যে সেই রক্তক্ষয়ী সংগ্রামের প্রতিদান।
না ভুলব না কভু, হে বীর, শহীদ তোমাদের আত্ম বলিদান ।।

= রক্তস্নিগ্ধা =

দেখিনি ,তবে শুনেছি সেদিনের সেই করুণ কাহিনী।

কিভাবে তেরোটি তাজা প্রাণ কেড়ে নিয়েছিল ঐ কমরেড বাহিনী।

অশ্রুসিক্ত চোখে করজোড়ে আজ জানাই তাঁদের প্রণাম।

না, ব্যর্থ যায়নি সেদিনের সেই সংগ্রাম।

তবে আজ তাঁরা নাই।

ইতিহাস আজ,একুশে জুলাই।

তাঁদের আত্মবলিদান আজ মোদের পাথেয়।

তোমরাই শিখিয়েছো, পরাধীনতার চেয়ে মৃত্যু শ্রেয়।

মোদের দাসত্ব ঘুচিয়েছে তোমাদের বুক চিরে।

করো আশীর্বাদ,সেই দিন আর যেন নাহি আসে ফিরে।

= অশ্রু নদী =

একুশে জুলাই, সালটা ছিল ১৯৯৩ ,
বেলা তখন বারোটা, চারিদিকে হৈ চৈ।
মহানগরীতে স্বাধীনতার লড়াই।
আন্দোলন চলছিল হিংসা ছাড়াই।
শোনা গেল গুলির শব্দ হঠাৎ।
আন্দোলনকারীদের করিতে হবে উৎখাত।
মাঝ বয়সেই ডুবিলো সূর্য, ঘনিয়ে এলো রাত।
তপ্ত রাস্তায় নিথর দেহ অসাড়।
দেখতে দেখতে উনত্রিশ বছর হয়ে গেল পার।
কিন্তু আজও তারা ঘরে ফিরল না আর।
মা তাকিয়ে পথপানে অশ্রুঝরা চোখে।
আয় বাবা ঘরে আয়, কত দিন দেখি নাই তোকে।
কিন্তু কিভাবে ফিরবে তারা !
স্বাধীনতা লভিতে হয়েছি স্বজনহারা।

কেই বা জানতো ,
গোপনে গোপনে চলছিল এত বড় ষড়যন্ত্র।
নগ্ন হয়েছিল সেই চক্রান্ত ,
১৯৯৩ সালের একুশে জুলাই।
অবাক আমি ,বেঁচে আছি তাই।
সেদিন বীর-বাঙালী কিছু শহীদ না হলে ,
ঠাঁই হত মোদের কমরেড পদতলে।
আজ যে উন্নত শিরে পরিচয় দিই নিজেরে বাঙালি বলে ,
এটা যে তাঁদেরই অবদান আসলে।
সেই ষড়যন্ত্র,সেই চক্রান্ত যদি সেদিন না পড়িত ধরা ,
আজও বোধহয় উন্নত, গণতান্ত্রিক বাংলা যেত না গড়া।

= শূন্য মায়ের কোল =

আজ পূর্ব শাসকদলের দম্ভ হয়েছে চূর্ণ।
কিন্তু যে মায়ের কোল করে দিয়েছে শূন্য।
তা আর কোনোদিনই হবে না পূর্ণ।
শহীদ তাঁরা এই বঙ্গ বরেণ্য।
আজ এই স্মৃতি সভা শুধু তাদেরই জন্য।
ধন্য তোমরা এবং এবং হে বঙ্গ বীর তোমরা ধন্য।
তোমরাই রক্ত দিয়ে সফল করেছিলে একুশে জুলাই।
আজ এই বঙ্গভূমিতে গণতন্ত্র এসেছে বুঝি তাই।
মাগো তোমার শহীদ ছেলেকে
ফিরিয়ে দেওয়ার ক্ষমতা মোদের নাই।
তোমরাও বীরাঙ্গনা , আগামী জন্মে তাই,
তব জঠরে জনম লহিতে চাই।

যানজটের সনে সম্পর্কটা আমার নিবিড়।
আজও রাস্তায় ছিল ভীষন ভীড়।
এগুলো মোটরগাড়ি নাকি গরুর-গাড়ী !
ছুটবে কোথায় যেন দিচ্ছে হামাগুড়ি !
অফিস থেকে বেরিয়েছিলাম বেশ তাড়াতাড়ি।
কিন্তু যানজট সময় করে নিল চুরি।
নিত্য যদি এমন হয় বলো দেখি কী করি !
বাসের মধ্যে ঘেমে-নেয়ে একাকার।
চিংড়িঘাটা জানি না কখন হবো পার।
ঠেলাঠেলি-গোঁতাগুঁতি বিঘ্নিত শান্তি।
যদিও ইদানিং সয়ে গেছে এই নিত্য ভোগান্তি।
এই ভাবেই চলে নিত্য যাতায়াত।
সন্ধ্যায় বারিয়ে হয়ে যায় রাত।
কষ্ট হোক এতেই হয়ে গেছি অভ্যস্ত।
নিত্য ফিরি বাড়ী, এতে পরিবার খুশি মস্ত।।

= সবই বেকার =

লিখে গেলাম হাজার কথা ।
তবু ভাঙ্গা গেল না প্রথা ।
মজ্জায় যখন পরাধীনতা ।
শোনে বলো কে কার কথা !
সবই হল ব্যর্থ প্রলাপ ।
সত্যান্বেষী কার্যকলাপ ,
বোঝে সবাই সেটা ।
বিপ্লবটাই যখন গড়াপেটা ,
কিসের পরিবর্তন !
অসতের এই দেশ-দুনিয়ায় ,
সাধু বাক্য হেতা প্রতিষ্ঠা না পায় ।।

= হঠাৎ =

একুশে জুলাই ১৯৯৩ সন।

শান্তিপূর্ণ মিছিল গন্তব্য মহাকরণ।

মিছিলটা ছিল সম্পূর্ণ গণতান্ত্রিক।

দাবি-দাওয়া ছিল ন্যায্য বাস্তবিক।

কিন্তু দাম্ভিক রাজা দিয়েছিল নির্দয় হুকুম।

হঠাৎ গুলির আওয়াজে ভেঙে গেল অসহায় মায়ের ঘুমও।

ছেলের আর্তনাদ যখন পৌঁছালো তার কানে ,

বুঝে উঠতে পারছিল না সে ছেলেকে খুঁজবে কোনখানে !

মিছিলে নাকি জেলে ? না, শেষ দেখা হয়েছিল শ্মশানে।

এই ছিল তৎকালীন গণতন্ত্রের রূপ।

রক্তচক্ষু দেখিয়ে সবাইকে করে রেখেছিল চুপ।

= বোকা বিশু =

আমি যেন সেই বোকা বিশু ,
যাকে ঠকিয়ে যেতে পারে একটি ছোট্ট শিশু ।
করেছি নানান ব্যবসা ।
সবেতেই পেয়েছি সমস্যা ।
চাকরি করি সুতরাং সময় কম পাই ।
পরের উপর ভরসা করেছিলাম তাই ।
কিন্তু বারেবারে হয়েছে বিশ্বাসভঙ্গ ।
যাকেই পাশে পেতে চেয়েছি, দেয়নি সঙ্গ ।
চলে গেছে আগের গুছিয়ে ।
দেনার দায়ে জর্জরিত ,
দেয়নি কেউ অশ্রু মুছিয়ে ।
যদি কেউ একটু সঙ্গ দিত ,
মানুষ সম্পর্কে হয়তো ধারনাটা বদলে যেত ।
কিন্তু না, নিঃশ্বাস আর বিশ্বাস !
একটু অসতর্ক হলেই সর্বনাশ ।
যতই লোকটি হোক খাস ,
নাহি যদি টানো রাশ ,
ঘটিবেই ঘটিবে সর্বনাশ ।।

= ঘৃণা =

দ্রব্যমূল্য বাড়ে বাড়ুক ,
পেটে পড়ুক টান ,
দুঃখে যদি ফাটে বুক ,
ভেদাভেদ ভুলবে তবে হিন্দু -মুসলমান ।
তাবলে ভেবোনা আমি দ্রব্যমূল্য বৃদ্ধির পক্ষে ।
আরে, ইদানিং চারিদিকে যা দেখছি স্বচক্ষে ,
তা মেনে নেওয়া সম্ভব নয় কারও পক্ষে ।
আমি সাধারণ মানুষ , রাজনীতি বুঝি না ।
আবেগের মাঝে তাই স্বর্থ খুঁজি না ।
বাসে-ট্রেনে দেখি ধর্ম নিয়ে অহেতুক টানাটানি ।
উপেক্ষিত আজ কাজী নজরুলের সাম্যের বানী ।
মানুষে-মানুষে আজ বিভেদ - ঘৃণা ।
প্রশ্ন জাগে মনে ,এরা মানুষ কি না !
বিভাজিত দেশ, প্রাচীরে বেষ্টিত ঘর ।
মনুষ্য সমাজ ধ্বংসের পথে হচ্ছে অগ্রসর ।।

= অন্ধ =

রাজামশাই দিলেন হুকুম ,
পাঠশালা হোক বন্ধ ।
শিক্ষাভাবে আসুক রাত্রি নিঝুম ,
মানুষগুলো থাক অন্ধ ।
লেখাপড়া করে যদি ,
বুঝে যায় ভালো-মন্দ ,
টোলেমোলে যাবে গোদি ,
মনে সেই ধন্দ ।
মূর্খ বানিয়ে রাখলে পরে ,
অভাব যদি থাকে ঘরে ,
জেনো তবেই মানবে পোষ ,
জনতার নামক পোষ্য ।
এতে হয় না রাজার আফসোস ,
কারণ সিংহাসনই উদ্দেশ্য ।
যদি মনের মধ্যে প্রশ্ন জাগে ,
চিন্তা আসে সবার আগে ,
রাজার সিংহাসনে ।
তাই রাজাকে এই উপদেশ দিলেন বিজ্ঞজনে ।

= ভয় নাই =

ভয় নাই , ভাই ।
আসছে আবার সেই দিনটাই ।
একুশে জুলাই ,
চলো মোরা সবে মিলে একসাথে যাই ,
দিদির আহ্বানে ধর্মতলা ।
পায়ে-পায়ে শুরু হোক একসাথে পথ চলা ।
তবে আজ আর কোন ভয় নাই ।
দিদি আছেন সঙ্গে তাই ।
চারিদিকে দেখছি আজ নতুন অঙ্গীকার ।
গনতন্ত্র প্রতিষ্ঠিত, সমাপ্ত অত্যাচার ।
মুক্ত আজ হেথা রাজার দরবার ।।

= আসছে ভাই =

বলছি ভাই ,

শোন সবাই ,

একুশে জুলাই ,

আসছে তাই ,

চলো সবাই ,

একসাথে যাই ,

দিদির আহ্বানে ,

ধর্মতলা প্রাঙ্গনে ।

সবাই মিলে ,

প্রতিশ্রুতি দিলে ,

সভা হবে সার্থক ।

আজও ভোলেনি লোক ,

সেদিনের সেই শোক ।।

= হয়নি ম্লান =

এতটুকু হয়নি ম্লান ,
সেই দু:খের ইতিহাস ,
ছড়িয়ে আছে চারিপাশ ,
তাঁদের আত্মবলিদান ,
দিয়েছিল যাঁরা প্রান ,
দিতে পারি নাই ,
যথাযথ তার প্রতিদান ।
তবে ভুলি নাই ।
প্রতি বছর তাই ,
এই একুশে জুলাই ,
স্মরনসভার আয়োজন ।
ভারাক্রান্ত মন ,
তোমরা শহীদ,তোমরাই বঙ্গ-বীর ।
তোমাদের তরেই আজ এই বাঙালীর উন্নত শির ॥

= প্রতিশোধ =

কাল ছিল বৃষ্টি ভেজা দিন ,
আজ কঠিন তীব্র রোদ ।
মিটিয়ে দিল মেঘের ঋণ ,
সম্পূর্ণ হলো প্রতিশোধ ।
পেয়েছিল ফিরে যারা প্রান ,
আজ সবার মুখ আবার ম্লান ।
শত্রুতা এমন,কেউ কাউকে কাছে টানে না ,
কিন্তু ওরা যে একে অপরের পরিপূরক ,তা বোধহয় জানে না ।
সাগর বোঝে সবই,তাই এই শত্রুতা মানে না ।
যদি না থাকি তো এই বৈচিত্র্য ,
দেখিতে কী পেতে , ময়ূরের নৃত্য !
কিংবা ভাবুক কবির একাকিত্ব !
সংযমী মানুষ সুখ খোঁজে দিন-রাতি ,
রোদ্দুরে ছাতা আর বৃষ্টিতে বর্ষাথী ।
করলো না কিছুই উপভোগ ।
আনন্দ নেই মনে , তাইতো এতো রোগ ।।

= সুখ বিস্তর =

ছিলাম তখন বেকার।

কিন্তু ফূর্তি ছিল দেদার।

সময় ছিল না পিছন ফিরে দেখার।

জীবনে যাই হয় হোক।

কিসের এত শোক।

তখন বালক।

পকেটে যদি থাকতো পাঁচটি টাকা।

মনকে ধরে যেতনে রাখা।

ছিল তখন সে এক উদ্যম।

সাহস ছিল অগাধ ভয় ছিল কম।

জীবন ছিল সুখের আকর ,

ফুটে থাকা কমল পুষ্কর।

বাবার হোটেলে ছিলাম রাজা সুখ ছিলো বিস্তর।

= চেয়ে দেখো =

একবার চেয়ে দেখো ওই আকাশ পানে ,
নক্ষত্ররাজি কি যেন বলছে একে অপরের কানে কানে।
রোজ রাতে আসে, জানিনা কিসের টানে।
হয়তো দেখতে আসে ,
এই রাতের পৃথিবী।
বড্ড বেশি ভালোবাসে ,
এই ব্রম্মান্ডের ছবি।
আমি মানুষটা কবি ,
তাই আমার ধারনাটা একটু আলাদা।
তোমাদেরও দেখতে কোন নাই বাধা।
দেখো আর চেষ্টা করো হারিয়ে যেতে ,
ওই মায়াবী কাল্পনিক জগতে।
দিনে শুধু সূর্য একা ,
কিন্তু সবাইকে রাখে ঢেকে।
কিন্তু রাতে কত পূর্বপুরুষের সাথে হয় দেখা ,
যাঁরা আশীর্বাদ করছেন দূর থেকে।।

দিদির দেশে বুঝি না বাবু ,
কোনটা আসল , কোনটা নকল !
মিথ্যাশায় বিশ্বাস করছি তবু ,
তবে বিগত প্রতিশ্রুতি সকল ,
সবই ছিল প্রহসন ।
ভারাক্রান্ত মন ,
খোঁজে গো তখন ,
একটু আশার আলো ,
এরই মাঝে তুমি শোনালে ,
খবরটা যে ভালো ।
জানি না , সত্যি হবে কোন কালে ,
বাড়বে কবে বেতন !
হতাশায় ভাঙলো যখন চেতন ,
এসবের মাঝে ঐ একটাই সান্ত্বনা ,
করোনা না এলে ,
লকডাউন না হলে ,
কেউ তা জানতো না ,
চাকরীটা যাই হোক আছে টিকে ।
বেতন বৃদ্ধির আশা তাই আজ অনেকটাই ফিকে ।।

= অসৎ সঙ্গ =

২০১৫ সাল ,
আজ যে আমার এই হাল ,
শুরুটা হয়েছিল সেই সময়।
বয়স ছিল কম, মনে ছিল না ভয়।
অসৎ সঙ্গে বেশ ছিলাম সুখে।
২০১৭ মারলো ছুরি বুকে।
ব্যবসার নামে অর্থ-শোষণ ,
বন্ধুত্ব, সে এক প্রহসন।
বুঝতে পারলাম যখন আসল পরিচয় ,
ততক্ষণে বয়ে গেছে অনেকটা সময়।
দুর্নাম আর মাথায় দেনা একরাশি।
বন্ধু রূপে শত্রু ছিল পাশাপাশি।
সঙ্গ ছেড়েছি গিরগিটি ছিল যত ,
কিন্তু এখনও আছে সেই ক্ষত।
এই দাগ সারা জীবনই রয়ে যাবে হয়তো ।।

= আজ রবিবার =

আজ রবিবার ,
তবু নেই ছুটি, নেই নিস্তার।
ট্রেনের নিত্য যাত্রী যারা ভীড় করে ,
আজ তারা সবাই ঘরে।
সপ্তাহের শুরু বলো বা শেষ ,
কিংবা দিনান্তে নিজ গৃহে ওরা সময় কাটায় বেশ।
আমাদের নেই সেই সুযোগ।
হয় না করা সেই সুখ ভোগ।
দিনপঞ্জিকা আমাদের কাছে কিছু সংখ্যা মাত্র।
ওই যে লাল-নীল কালি ,
ও হতে আমরা কিন্তু ব্রাত্য।
সুখ আমাদের জীবনে ভাঙ্গা চাঁদের মত আধ ফালি।
পূজা , পার্বণ কিংবা যে কোন অনুষ্ঠান।
কাঁদে প্রান কিন্তু করা যায়না যোগদান।
কারণ অনেক, বলা যাবে না অত বিস্তারে।
রাজতন্ত্রের অদৃশ্য জোয়াল চেপে আছে ঘাড়ে।
কলুর বলদ ,আদেশ অমান্য কেই বা করতে পারে।

= ঠকে যাওয়া =

ভাবছো তোমাকে কেহ নাহি চায়।
তোমার নাম রয়েছে ওই ঠকে যাওয়ার তালিকায়।
শুধুই প্রত্যাখ্যান।
দিল না কেহ ভালবাসার প্রতিদান।
বিচ্ছেদটাই সম্বল।
কেঁদে বেড়ায় ব্যর্থ আশার দল।
কেহ বুঝি কাছে টানলো না তোকে।
বিদায় জানাতে হল অশ্রু ভেজা চোখে।
তবে সে গেছে যে যাবার।
কারণ কি আছে আর অতো ভাবার।
সে কি ফিরে আসবে আবার ?
এটা কোন মিলনাত্মক নাটক নয়।
কান্না ছড়া , শুরু হোক নতুন পরিচয়।
ললাটে আছে যে,একদিন তারে পাবি নিশ্চয়।

= ছারখার =

আগুন, সবকিছুকে পুড়িয়ে করে ছারখার।
তবুও এমনই স্পর্ধা আমার ,
বারে বারে যাই নিকটে।
জানি বটে ,
তবু যাই।
উপায় নাই।
কারণ বিচ্ছেদ জ্বালা তার থেকেও মর্মান্তিক।
তাই যে যতই উপদেশ দিক ,
আমি যাই ,ছুটে যাই।
ওই আগুন পানে।
জানিনা কিসের টানে ,
ছুটে যাই নিজেকে ঝলসাতে।
তীব্র যন্ত্রণা বিনিদ্র রাতে।
শীতল রাত যেন আরো বেশি যন্ত্রণাদায়ক।
আগুন নয় আমি নিজেই এই যন্ত্রণার পরিচায়ক।

= কথা রাখেনি =

কেউ কথা রাখেনি ,
মন খারাপ তাই না।
কেউ কাছে ডাকেনি ,
বোলেছে তোমায় চাই না।
দেয়নি কেউ লাল গোলাপ।
জীবন টা তাই লাগছে অভিশাপ।
কাছে আসেনি কেউ আপন করে।
বাঁধেনি কেউ বাহুডোরে।
অপেক্ষা নেই দ্বিপ্রহরে।
কারন ঐ একটাই ,
তুমি বেকার ভবঘুরে।
স্বর্থান্বেষী পরীরা তাই ,
তোমায় সরিয়ে রেখেছে দূরে।
কাছে এসেও তাই কথা রাখেনি
জীবন সংগ্রামে দুর্দিনে সঙ্গে থাকে নি ॥

= আকুলতা নয় =

সব চেষ্টায় আসে না সফলতা।
সব তেষ্টায় সদা দেখিও না আকুলতা।
নীরব থাকো, আগত যখন প্রতিকূলতা।
ধৈর্য ধরো, গীতার কথা।
সব উপদেশ মিথ্যা নয়।
শুনলে পরে আসবে জয়।
যদি নাও আসে,
অন্তত কিছু অভিজ্ঞতা হবে সঞ্চয়।
ব্যর্থ সবাই চারিপাশে।
জীবনটা ক্ষুদ্র বটে, তুচ্ছ নয়।
লড়াই মনেই নয় অস্থিরতা।
জয় আনবেই নীরবতা।।

= সহজ তাই =

অপেক্ষাকৃত সহজ নামতা এগারোর ।
কন্যে আমার সেই জন্যে, পড়ে দিন ভোর ,
ওই নামতা এগারোর ।
উহার বেশি এগোতে চাইলে ,
বলে , ওইটাই তো দিয়েছে পড়া ইস্কুলে ।
এক থেকে এগারো ,
অতীব সহজ লাগে ।
কাল করব বারো ,
স্কুলের পড়া করি আগে ।
ভালোই পেয়েছে অজুহাত ।
যখনই বই খোলে , দেখি এগারোটাই চলছে দিন রাত ।
আমিও ভাবি বাচ্চা মেয়ে ,
আর কত এগোবে এর চেয়ে !
নাই বা রইলো প্রতিযোগিতা ,
হারিয়ে কী লাভ শৈশবতা !

= পরাধীন =

আমি অভি শেখ বাবুর এলাকার বাসিন্দা ।
অধিকার নেই যে করিব নিন্দা ।
এখন জানতে চাইবে কারন ,
তাই তো !
মুখ থেকে যদি টু শব্দটি করি উচ্চারন ,
জানিবে তাহলে নিস্তার নাই তো ।
এ এক গভীর ষড়যন্ত্র ,
লুণ্ঠিত হেথা আজ গনতন্ত্র ।
গত পঞ্চায়েত নির্বাচনে ,
বড়ো আশা জেগেছিল মনে ,
কিন্তু ভোট আর দিতে পারলাম কই !
আমরা তো আর রাজা নই ,
মানুষ সাধারণ ।
অস্ত্র ধারণ আমাদের বারন ।।

= দিনান্তে =

শুধু মানুষ কেন ?
প্রাণী কোন নেই এহেন ,
সবাই আসে ফিরে ,
দিনান্তে আপন নীড়ে ।
শখ করে কেউ হয়না প্রবাসী ।
রাজার আদেশে কেউ সখী কেউ দাসী ।
আমেরিকা তো উন্নত দেশ ।
থাকলে সেথায় লাগে বেশ ।
কিন্তু কেমনে ছিঁড়িবে নাড়ীর টান !
ফেলে আসা সম্পর্কগুলো কেমনে করিবে প্রত্যাখ্যান !
এ এক অদৃশ্য মায়ার বাঁধন ।
প্রবাসীর মন,খোঁজে সারাক্ষণ ,
ছোটবেলার সেই খেলার মাঠ ,
সেই দু'পয়সার খেয়াঘাট ।
মলিন হয়নি আজও সেই সব স্মৃতি ।
অত সহজে কি সেই সম্পর্কে টানা যায় গো ইতি !

= বড় হতে চাই না =

মনে আছে ,সেই ছেলেবেলার খেলা গুলো ?
বল খেলার মাঠে,রোজ বিকালে, কাদা-মাটি-ধুলো।
মনে পড়ে ,সেই রঙিন বৈচিত্র্যময় দিনগুলো ?
কিংবা ক্রীজ করা ,পশ্চিম মাঠে শীতকালে।
শৈলেন দার আলুকাবলি মেখে মুড়ি খাওয়া মাঠের আলে।
কেউই হয়তো ভুলিনি সেদিনের সেই দিনগুলোর কথা।
সত্যিই বন্ধুত্বের মাঝে ছিল না কোনো কৃত্রিমতা।
আজ কোন বন্ধু নাই ,বান্ধব সবাই।
আজ সব সম্পর্কেই স্বার্থ লুকিয়ে আছে তাই।
ঝগড়া ছিল দুবেলা খেলার মাঝে।
মিল করে আবার বাড়ি ফেরা সাঁঝে।
পশ্চিম মাঠে ধনচে বনে সেই বিড়ি ফোঁকা।
সবই করে দিলাম ফাঁস আমি কি বোকা ,
তাই না !
তবুও আমি বড় হতে চাই না।
খুঁজে বেড়াই তবু সেই দিন গুলো খুঁজে পাই না।
না, আজ মনে হয়, আমি বড় হতে চাই না।

যখন মোরা এই প্রশ্ন ছুঁড়ে মারি ,
তুমি পুরুষ না কী নারী ।
কখনো ব্যঙ্গ করে ,
কখনো বা কৌতুহল ভরে ।
কিছুটা জানা বাকি সবটাই অজানা ।
নানান প্রশ্ন মনে দেয় হানা ।
এমন প্রশ্নে বিব্রত সেই জন ,
পায় না ভেবে কী উত্তর দেবে তখন ।
কৌতুহল বশত উত্তর জানতে চাই স্পষ্ট ।
কিন্তু কেউই খুঁজে দেখি না তার কষ্ট ।
হে ভদ্র সমাজ ,
নিজের মনকেই প্রশ্ন করো আজ ,
না পুরুষ , না নারী ,
ঐ অপ্রাসঙ্গিক প্রশ্নগুলো ছাড়ি ,
শুধু মানুষ পরিচয় হয় না কেন তারই !

ভীত আমি

শহীদ দিবস ,একুশে জুলাই।
কেহ ডাকে নাই , তাই ধর্মতলায় যাওয়া হয় নাই।
ভীত আমি তাই।
কালই হয়তো বাড়িতে এসে হাজির হবে কিছু গুণ্ডা মুসলিম।
এখন ওদের ক্ষমতা যে অসীম।
ভোটের পরে সেই তাণ্ডব আজও ভুলতে পারি নি।
চিন্তা তাই, ঘরে আছে স্ত্রী-কন্যা এবং গর্ভধারিনী।
যায় যাক নিজের প্রাণ।
চিন্তা একটাই ,কিভাবে বাঁচাবো তাদের সম্মান।
প্রতিবাদ করব ,সেই সাহস নেই মনে।
আবার মুখ বুজে মেনে নেব ,অক্ষম আমি অভিযোজনে।
প্রশ্ন এখন একটাই মনে ,
পশ্চিমবঙ্গ পাকিস্তান হবে কবে !
হয়তো বা শেষ জীবনে ,
মুসলমান হলে বাঁচার অধিকার পাব তবে।
নতুবা পালাতে হবে সাজানো বাগান ছেড়ে।
হিন্দু বলে একদিন ঠিক প্রাণে দেবে মেরে ।।

≈ অপরিবর্তিত ≈

দেখো এই জনস্রোত কি সুবিশাল ,

দক্ষ কান্ডারী যেন উজানে মেলেছে পাল ।

প্রত্যন্ত সুদূর গ্রাম হতে পুঞ্জিভূত লাখো মানুষের ঢল ।

স্তব্ধ শহর, চারিদিকে কোলাহল, কিন্তু রুদ্ধ যান চলাচল ।

কৃষ্ণ বুঝি হঠাৎ বাজিয়েছে বাঁশি ।

গোপিনী রূপী জনগণ জড়ো হয়েছে তাই আসি ।

সভার নামে কলকাতায় দেখা যায় এমনই রূপ ।

গণতন্ত্রে সম্ভব সবই তাইতো সবাই চুপ ।

রাজতন্ত্র আজ বিলুপ্ত ,

কিন্তু আশা নাহি মিটিলো, চাহিদা ছিল যা সুপ্ত ।

রাজা গেল ,নেতা এলো ।

জনগণ সব আজও পরাধীন ,

স্বাধীনতা নাহি ফিরে পেল ।

রাজার সিংহাসনে আজ নেতারা আসীন ।।

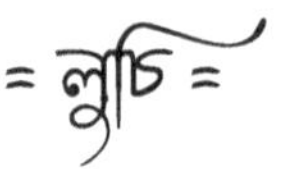

= লুচি =

সকাল বেলায় মুখটা ধুয়ে ,
যদি লুচি পাতে পড়ে ,
মন আমার যায় গো ছুঁয়ে ,
কেন তবে যাব বাহিরে !
রোজই খাবো ঘরে ।
সঙ্গে যদি থাকে আরও ,
কষা আলু দু'চার টুকরো ,
ব্যপারটা ভীষন যাবে জমে ।
ক্লান্ত আমি হব না আর ,
সারাদিনের পরিশ্রমে ।
জীভে জল আসছে আমার ,
বলিতে বলিতেই ।
একটুখানি পেটুক আমি ,
তাতে লজ্জার কিছু নেই ।।

= সাইকেল স্মৃতি =

তখন সবেমাত্র করেছি বি.এ. পাশ।
টিউশন পড়ানোর করছি অভ্যাস।
সেই সময় বাবা কিনে দিয়েছিল সাইকেল।
সাইকেল তো নয় ,
আমার কাছে ছিল তার রাজধানী মেল।
গ্রামের পর গ্রাম করিতাম জয়।
না, ছিল না পথ হারানোর ভয়।
কখনো সরিষা তো কখনও বরখালি।
রাত-বিরেতে পথ দেখাতো চাঁদ আধ ফালি।
হিংসা ছিল না তবু রেষারেষি।
মটর ছিল না তবু গতি বেশী।
এখন বয়স বেড়েছে ,দম গেছে কমে।
সাইকেল চালাই বটে কিন্ত থেমে থেমে।
ওজনও বেড়েছে, অল্পেতেই তাই ঘেমে।
পুকুর মনে হয় ছোট গাড্ডা গুলো।
তখনই মনে হয় বয়স চল্লিশ ছুঁলো।

ভাই ধৈর্য কত ধরবো রে আর ,

আসবে কখন খাবার ?

রাত্রি ন'টা হয়ে গেল পার ,

পেয়েছি খিদে দেদার ।

থাম না দাদা কর না সবুর ,

খাবার দোকান অনেকটা দূর ,

দেরি তো হবে একটু বটে ।

আজ রবিবার ,খাবার দোকান বন্ধ সবই এ তল্লাটে ।

তাহার উপর সবার জন্য মিলিয়ে আনতে হবে খাবার ।

ভুলে গিয়ে না আনলে পরে,কে আনতে যাবে আবার ।

তুই দাদা রয়ে গেলি এখনো সেই গাঁইয়া ।

সাঁঝের বেলা কি পড়বি শুয়ে তাড়াতাড়ি খাইয়া ?

খাবার যারা আনতে গেছে তাদের একটু সময় দে ।

তুই দাদা কি নোবেল পাবি ন'টার সময় খেয়ে ?

থামদিনি তুই, পাচ্ছে খিদে,তাড়াতাড়ি নে ।

আমি ভাই আর পারব না রে করতে দেরি এর চেয়ে ।।

= লোক দেখানী =

বাইরে সবই লোক দেখানী ,
পায়েতে হাওয়াই চটি ।
গোপন খবর হলো জানাজানি ,
বস্তাবন্দী লুণ্ঠিত টাকা কোটি-কোটি ।
যেই দেশেতে অর্ধেক লোক ;
থাকে অনাহারে ।
সেখানেও লোক , মেটায় গো ঝোঁক ;
বেনামী কারবারে ।
নারী আজ স্ত্রী নয় ;
রক্ষিতা হতে চায় ।
বাহ্যিকে তার এক পরিচয় ;
গোপনে অন্য আয়।
কালো টাকা হইল সাদা ,
ফ্ল্যাট কিনে চড়া দামে ।
নেতা বলে তাই নাই বাধা ,
তা কেনে কিনুক গৃহ পোষ্যের নামে ।
প্রজা শোষনের কোটি -কোটি টাকা ,
সুইস ব্যাংকে আছে ঠিক রাখা ,
ধরা ছোঁয়ার বাইরে ।
সত্তরেও যে ঘুরলো না চাকা ,
এমনি চলবে ভাইরে !

= সন্তুষ্টি =

নেশা আমার একখানি।
ছন্দ নিয়ে টানাটানি।
সকল সময় হয় না ঠিক।
কিছুটা কাল্পনিক ,
কিছুটা বাস্তবিক।
এই সব কিছু মিলিয়ে ,
অক্ষর হয়ে যায় কবিতা ঠিক।
দিতে চাই স্বপ্ন বিলিয়ে ,
দশ জনেরই মাঝে।
কারন স্বপ্ন আমার , শুধুই আমার না যে।
সন্তুষ্টি আমি পাই গো খুঁজে ,
আমার এই কাজে ।।

= রাজার নীতি =

রাজনীতি মানে, এখন নীতির রাজা নয় ,
রাজার নীতি ।
এই শোষণ যন্ত্রে মনে কাঁদে ভয় ,
নেই হেথা প্রেম-প্রীতি ।
রাজনীতি মানে অর্থ-স্বার্থ ,
টাকা ছাপানোর যন্ত্র ।
সততা থাকিলে ওরাও পারত ,
রক্ষিতে গণতন্ত্র ।
সৎ নয় কেউ , সততা উধাও ,
এই গণতন্ত্রে তুমি যদি চাও ,
সুস্থ পরিবেশ ।
হতাশ মন, আশা ছেড়ে দাও ,
বিক্রি হবে দেশ ।
যদি তুমি দুঃখ পাও এ সবকিছু দেখে ,
দিতে পারি আমি একটাই উপদেশ ,
নিরবে সাজো বোবা-কালা, বিবেক পাশে রেখে ।

= স্বার্থপর বাঙালি =

বাঙালী চিরকালই অর্থপ্রিয় স্বার্থপর।
নিজের স্বার্থে ভাঙে পাশের ঘর।
মানুষ বাদে সবই আপন।
এ কেমন জীবন যাপন !
মনটা তাহার বিষে ভরা।
একা একাই সমাজ গড়া।
ভাবে থাকবো একাই সুখে।
সাধটা তাহার যায় গো চুকে ,
মৃত্যু সময় এলে।
ভাবে আমি মারা গেলে ,
চারটি কাঁধের প্রয়োজন।
কুটিল ছিল আচরন।
দূরে চলে গেছে পরিজন।
কেই বা নিয়ে যাবে শ্মশানে ?
শবদেহ তো ছল-চাতুরি নাহি জানে।

= কী হতো ? =

এই সরকার থাকতো যদি ,
কেন্দ্রের কোন দায়িত্বে।
মেরে ধরে রাখতো গদি ,
উৎফুল্ল চিত্তে।
চলতো দেশে হাহাকার।
বেনামী ফ্ল্যাটে টাকার পাহাড়।
তাহার মধ্যে কিছু আবার ,
সুইস ব্যাংকে হইত পাচার।
উপায় তুমি পেতে না খুঁজে একটুখানি বাঁচার।
পরের ছেলে থাক না বেকার।
চিন্তা বলো করে কে কার !
ঋণ নিয়ে নানান "শ্রী"।
ধার করে খেতাম ঘি !
রক্ষিতা হত পরস্ত্রী।
করো অনুমান পরিস্থিতি।

= কুঁড়ে ঘর =

সবাই বলে কুঁড়ে ঘর।
কিন্তু কেউই সেথা নয় পর।
ছোট্ট বটে ক্ষুদ্র নয়।
চলে এসো, তুমিও পাবে আশ্রয়।
স্নিগ্ধ বাতাস , মুক্ত আকাশ ,
পাবে সেথা বারো মাস।
তারাদের সাথে কাটবে রাত ,
পাখীর ডাকে আসবে প্রভাত।
প্রকৃতির মাঝে , তোমায় পাবে খুঁজে ,
নতুন এক সাজে।
সেথা কষ্ট আছে কিন্তু দুঃখ নয়।
আমন্ত্রিত তুমিও, করবে কী প্রকৃতির সাথে পরিচয় ।।

= মনের তালা =

মনের খবর দেবো বলে ,
এমনই তোমার দাবি।
চাইছি ক্ষমা কানটি মোলে ,
কারো কাছে নেই সেই তালার চাবি ,
যা দেওয়া আছে মনে।
চেষ্টা করেছে বহু জনে ,
পারে নি তো কেহ।
বায়ুর মত অদৃশ্য যে সেও।
অনুমান যে কঠিন বড়ো ,
বাস্তবের চেয়েও।
সৎ-অসৎ সেথায় জড়ো ,
তবু পাবে না তো খুঁজে।
অনুমান মানে কল্পনা।
গবেষণাতে জল্পনা।
চোখ হল পরিস্থিতির আয়না।
তাতে মনের খবর ঠাঁই পায় না।
মিথ্যা তাই মনের খবর জানার দাবি।
অন্তর্যামী লুকিয়ে রেখেছেন সেই চাবি।

= ঘুঘু =

বাড়ীর ছাদে ধান খেয়ে যায় ,
ঘুঘু বারেবারে।
দেখি আজ কীভাবে রক্ষা পায় ,
পেতেছি ফাঁদ ধরবো বলে তারে।
ছড়ায় বেশি যত না খায় ,
নষ্ট করে দেদার।
যদি পড়ে ধরা একবার ,
মটকে দেবো ঘাড়।
চলো একবার যাই গো ছাদে ,
দেখি পড়লো কিনা ফাঁদে।
দেখি গিয়ে কাঁদছে ভীষন ,
জড়িয়ে জালের মাঝে।
হঠাৎ কেঁদে উঠলো মন ,
কাজটা করেছি বাজে।
যা ছেড়ে দিলাম তোরে ,
দিলাম মুক্ত করে।
কাল আবার আসিস ফিরে ,
ঘুম ভাঙাতে ভোরে ॥

= বিমূর্ষিত =

ধর্ষিত বলে বিমূর্ষিত কেন ?
এ লজ্জা সমাজের, তোমার নয় ।
তুমি লজ্জিত হবে কেন ?
ভুল তো আমাদের সামাজিক পরিকাঠামোয় ।
মনুষ্যসমাজ সৃষ্ট হয়েছে যে নারী দ্বারা ,
তারই সমাজে লুষ্ঠিত আজ তারা ।
দোষ না করেও পাপের ভাগীদার ।
ভদ্র সমাজ নির্বাক হয়ে আজও রয়েছে অসাড় ।
একটু পিছন পানে চেয়ে দেখ ,
তোর মাও যে অসহায় নারী এক ।
হয়তো রক্ষা পেয়ে যাবি আইন-আদালতে ,
কেমনে রক্ষা পাবে যেদিন বিবেক আসবে দংশিতে ?
পিতা তোর লজ্জিত, মাতার চোখে রক্ত ।
যে মাথা একবার নিচু হয়ে যায় ,
তারে তোলা বড়ই শক্ত ।
ধর্ষণে নারী অত কষ্ট নাহি পায় ,
যতটা পায় ,লাগিলে আঘাত, তার নারী সত্ত্বায় ।

ভালোবাসা কি

বলতে পারে কোন জনে ,
প্রশ্ন যেটা জেগেছে মনে।
ভালোবাসা কি ?
আচ্ছা, যদি ধরে নিই ,
শারীরিক টান।
সারা জীবন কেউ তো থাকবে না রূপবতী।
সময়ের সাথে সাথে ,একদিন রূপ হবে ম্লান।
কমে যাবে জৌলুস- জ্যোতি।
না, এটাকে ভালোবাসা বলা যায় না।
এটা হল নগ্ন যৌবনের বায়না।
ভালোবাসা হলো হৃদয়ের আয়না।
যার মাঝে আমরা নিজেকেই খুঁজে পাই।
লাজুক নজরে আড় চোখে চাই।
ভাবুক মন কল্পনাতে ডুবে যাই।
মনে হয় একসাথে দুজনাই পথ হারাই।
দুই মন এক হৃদয়ে বিলীন।
শরীর নিয়ে ভালোবাসা আমার নজরে অশালীন ।।

= অসহায় নারী =

নারীরা নাকি অসহায় !
এখন আর এই কথা
আর শোভা নাহি পায় ।
এইটা হল সেকেলে কথা
এখন পুরুষ জব্দ নারীর ঘায় ,
জটিল ভীষণ নিয়ম-কানুন ।
রান্নাঘরে যেতে না চায় ,
ভুলে গেছে জ্বালাতে উনুন ।
শিশু দুগ্ধ খেলে পরে ,
নাকি জৌলুস যায় কমে ।
বিয়ে করে আনলে ঘরে,
ঝগড়াটা যায় জমে ।
বিয়ের আগে নিরোগ সবাই ,
বিয়ের পরেই যায় ধরা ।
নত হয়ে না থাকলে পরে ,
সংসার যায় না গড়া ।
সবেতেই নারী সমান সমান ,
তবু বাসে-ট্রেনে সংরক্ষণ ।
গলার স্বর একটু কমান ,
নাতো নারীবিদ্বেষী বলবে সর্বজন ।

= অনুতপ্ত =

প্রাচীন থেকে বর্তমান এই সমাজ ব্যবস্থায় ।
নারীকে ওরা বানিয়ে রেখেছে বড়ই অসহায় ।
আমরা চড়ি ডালে- ডালে ,
তবে ওরা কেন অন্তরালে ?
একটি বাবার দুই সন্তান ছেলে এবং মেয়ে ।
বৈষম্য দেখতে পাবে যদি দেখো চেয়ে ।
ছেলে ফেরে রাত্রি ন'টায় ।
মেয়ের বেলায় সন্ধ্যা ছ'টায় ।
ঘরের কাজ করবে বলে বৌকে এলি নিয়ে ,
উদ্দেশ্য তোর এই ছিল কি, তাই করলি বিয়ে ?
শৈশবেতে বাবার অধীন ,যৌবনেতে স্বামী ,
আর বার্ধক্যে ছেলের অধীন ,জীবনটা কম দামি ।
সারা জীবন যায় গো রয়ে ,
নিরব পাথর হয়ে ।
এটাকেই সে নিয়তি ভাবে ,
এভাবেই দিন যাবে ।

= উদাসীন মন =

উদাসীন মন ,
খোঁজে গো তখন ,
একান্তে কোন সাথী ।
মন উচাটন ,
তবু দেখে স্বপন ,
নিরালে দিবা রাতি ।।
তার জীবনে ,
গাবে নাকি পাখি ,
সুন্দর কোন প্রভাতী ।
প্রশ্ন মনে ,
অশ্রু ভেজা আখি ,
ঢাকিবে কেমনে ,
লুকানো যায় তা কি ?
চক্ষু মোদের দর্পণ যেন ,
অনিচ্ছাতেও প্রকাশিত কেন ,
গোপন দুঃখগুলি ।
চোখের আর কি দোষ এহেন ,
কেমনে দুঃখ যাবে সে ভুলি !

= সৃষ্টি আমার =

লেখা আমার কিছু হয়ে গেছে চুরি ,
কিছু আবার ঠোঙা হয়ে বেচছে ছোলা-মুড়ি ।
অহরহ-প্রতিনিয়ত করেছিলাম অনেক সৃষ্টি ।
আমিও যে হতে পারি বড়ো, দিই নি সেদিকে দৃষ্টি।
ইদানিং কালে বুঝেছি আমি ,
লেখালেখিও অনেক দামী ,
অকর্মন্য দীর্ঘ আয়ুর চেয়ে ।
তবে করো না বিচার এরে অর্থের নিরীখে ।
এখন তাই , মন দিয়ে যাই লিখে ,
আর করি তা সংরক্ষণ ।
দেখবে কত লেখা আমার ,
গনমাধ্যমে আজ করিছে বিচরণ ।
খুলে গেছে মোর মনের দুয়ার ,
হয়েছি সাবধানী ।
আজ হাজির হয়েছি আমি ,
নতুন সৃষ্টি আনি ।।

= অজ পাড়া-গাঁ =

বাড়ী আমার অজ পাড়া-গাঁয় ,
আমিড়া তার নাম ।
দেড় কি.মি. হেঁটে উঠি রাস্তায় ,
ঝরিয়ে দেহের ঘাম ।
উপদেশ সব প্রায়ই দেয় আমারে ,
উঠে কেন নাহি যাস বড়ো রাস্তার ধারে !
কীভাবে আমি বোঝাই তারে ,
স্মৃতি তখন পিছু ফিরে চায় ,
মনটা তখন মুক্তি না পায় ।
এতটা কাল দিল যে ঠাঁই ,
চাকরি পেয়ে বলো, কীভাবে তাকে ছেড়ে চলে যাই !
বাঁচবো আর যে কটা দিন ,
হেথায় বসেই দেখবো স্বপ্ন রঙীন ।
তা কষ্ট একটু হয় হোক ।
নাড়ীর টান নেই কো যার ,
তা বুঝবে কেমনে সেই লোক !
গ্রামে আমার খোলা অবারিত দ্বার ।
শুধু এই জনমে কেন ,
প্রতি জনমেই যেন ,
এই গ্রামেতেই ফিরে আসি বারবার ।।

= ঘুঙুরের ধ্বনি =

শুনতে কি পাচ্ছো ওই ঘুঙুরের ধ্বনি ?
ওটা কি আমার তরে ?
সুর ছড়িয়েছে আহ্বানী ,
কেমনে থাকি ঘরে ।।
ধ্বনি যে তাহার দিগন্তজোড়া ।
মন্ত্রমুগ্ধ হয়ে শুনিতেছি মোরা ।
ভুবনে-গগনে স্বয়নে-স্বপনে ,
রেখাপাত এক করে গেছে মনে ।
যখনই যাই খুঁজিতে ,
ওই আঁধার গহন বনে ,
কিছুতেই যে পারি না বুঝিতে ,
বাজিছে তা কোন খানে ।
ঐ পাখিরা বোধহয় জানে ।
তাইতো আমি তাদের শুধাই ,
দেখেছ কি তোমরা তাকে ?
আগ্রহী মন , অস্থির তাই ;
আটকে কে আর রাখে !

= বিদ্যাসাগর =

আজও তিনি পূজিত হন ,
হৃদয়েতে মম।
জানেন,মানেন সর্বজন ,
জ্ঞানেতে সাগর সম।
সাহিত্যের ঐ ধারক-বাহক ,
অন্যদিকে সমাজ-সংস্কারক।
সমাজ -চিন্তা দিবা-নিশি।
কর্মগুনে তিনি মনিষী।
দেশের তরে লুটিয়ে সর্ব ,
আজ তিনি বাঙালীর গর্ব।
কারিগর তিনি চেতনাবোধের।
আদর্শ তাঁর হোক পাথেয় মোদের।
লক্ষ্য ছিল আধুনিক ভারত গড়া।
পথ দেখাও ,ভ্রান্ত মোরা।

** নমস্কার **